Schwäbischer Single Umzug

Thorsten Michael Bachor

Schwäbischer Single Umzug

Geld, Zeit und Nerven sparen

Der neue Umzugsratgeber
für jedermann

Bibliografische Information der Deutschen Nationalbibliothek
Die Deutsche Nationalbibliothek verzeichnet diese Publikation in der Deutschen Nationalbibliografie; detaillierte bibliografische Daten sind im Internet über http://dnb.d-nb. de abrufbar.

© 2009 Thorsten Michael Bachor
Satz, Umschlaggestaltung, Herstellung und Verlag: Books on Demand GmbH, Norderstedt
ISBN 978-3-8370-3257-4

Grüß Gott, liebe Leserin und lieber Leser,

Sie sind Single und stehen vor einem „Action-Umzugs-Abenteuer"? Toll, denn Sie haben jetzt schon den Vorteil, daß Sie sich nicht um Kind und Kegel kümmern müssen. Haben Sie schon eine neue Wohnung gefunden? Ja, dann herzlichen Glückwunsch! Wenn nicht, dann drücke ich Ihnen ganz fest die Daumen, dass Sie Ihre neuen vier Wände schnell finden werden.

Als echter Bodenseeschwabe möchte ich Sie mit diesem Buch etwas begleiten und Ihnen verschiedene Hilfestellungen über Ihren bevorstehenden Umzug geben. Ich selber habe dieses Abenteuer auch durchlebt und war über verschiedene Umzugsbücher schon etwas enttäuscht, da es hauptsächlich nur ums Einpacken ging. Mir fehlte einfach das „Drumherum" und die Struktur. Außerdem wollte ich auch nicht meine gesamten Ersparnisse in einen einzigen Umzug stecken und da wir Schwaben ja ziemlich sparsam sind, – wohlgemerkt, wir sind nicht geizig, fing ich einfach damit an, mir verschiedene Notizen zu machen, die Sie jetzt gebündelt in diesem Buch in Ihrer Hand halten. Wo immer Sie Geld oder Zeit sparen können, erkennen Sie es an dem Wort „Schwabentipp".

Aber zuerst möchte ich Ihnen mal die Angst vor dem „Ungewissen" nehmen. Pro Jahr ziehen mehrere Hunderttausende Menschen allein in der Bundesrepublik Deutschland um. Teilweise weil die alte Wohnung zu klein geworden ist, aus persönlichen Gründen oder wie bei mir, weil es der Arbeitsplatz so verlangte. Alle diese Hunderttausende haben es geschafft, warum also nicht auch Sie? Kopf hoch, Sie schaffen das!

Denken Sie einfach mal positiv! Freuen Sie sich auf eine neue Umgebung, neue Menschen, neue Aufgaben und natürlich auch auf ein schönes und gemütliches Zuhause. Bestimmt haben Sie schon jede Menge Pläne und Ideen im Kopf, wie Sie Ihre neue Wohnung einrichten und gestalten möchten, wann die neue Einweihungsparty steigt usw. Also, freuen Sie sich auf etwas Neues und trauern Sie nicht der Vergangenheit nach. Und denken Sie jetzt bitte nicht an Umzugsstress!

Ein Tipp vorweg: Machen Sie nicht den gleichen Fehler wie ich. Vor lauter

Hektik vergaß ich Fotos von meiner alten Wohnung und der Umgebung zu machen.

Nachdem dann alles abgebaut und eingepackt war, fiel es mir wieder ein und ich habe mich schon etwas darüber geärgert. Also schnappen Sie sich am Besten jetzt sofort Ihren Fotoapparat und knipsen Sie alle Zimmer, den Balkon, das Wohnhaus von außen und die Straße! So ein paar Fotos haben einen hundertmal besseren Erinnerungswert als wenn Sie jeden „Kleinkruscht" aufheben und mitnehmen!

Als ich von meinem Arbeitgeber ein tolles Jobangebot bekommen habe, saß ich noch in meiner kleinen Wohnung in Spaltenstein am Bodensee. Das Angebot nach Berlin zu gehen war wirklich sehr verlockend. Leider kannte ich dort niemanden, der mal eben nach einer tollen Traumwohnung für mich Ausschau halten konnte und so beschloß ich selber mal im Internet nach freien Wohnungen zu suchen. Mittlerweile gibt es ja mehr als nur einen Onlinedienst und die Angebote nach freistehenden Räumlichkeiten waren riesig und so beschloß ich selber mal für eine Woche mit einem Billigflieger in die deutsche Hauptstadt zu fliegen und mir die vorher ausgesuchten 2 Zimmerwohnungen persönlich anzusehen.

Gesagt getan. Voller Euphorie fieberte ich der ersten Besichtigung entgegen – doch leider war ich nicht der Einzige der das neue Medium Internet zu nutzen verstand. Bevor die erste Besichtigung so richtig losging standen so etwa 25 Personen vor der Eingangstür, die ebenfalls Interesse hatten. Das ganze wiederholte sich an den folgenden Tagen und so mancher Vermieter verstand es auch aus dieser großen Nachfrage Profit zu schlagen. „Die Wohnung wird nicht renoviert übergeben", „Teppichböden darf der zukünftige Mieter selber verlegen" oder „die Wohnung bekommt derjenige der 2000 Euro Abschlag bezahlt" waren da noch die kleinsten Forderungen. Einmal verschwieg ein Vermieter sogar, daß sich die Wohnung in direkter Flughafennähe befand und ein anderes Mal wurde „vergessen", daß sich die Wohnung an einer Hauptverkehrskreuzung befand. Und jedesmal gab es dann doch eine der 25 Personen, die bereit war dies alles zu akzeptieren. Wahrscheinlich waren die in einer noch dringlicheren Lage eine Bleibe zu finden als ich. Nach einer Woche Berlin und nach unzähligen

Sammelwohnungsbesichtigungen flog ich enttäuscht an den Bodensee zurück. So hatte ich mir mein neues Leben in Berlin nicht vorgestellt.

Allmählich musste ich mich dann aber doch entscheiden, entweder am Bodensee zu bleiben oder an die Spree zu gehen. Ich entschied mich, trotz der negativen 1. Erfahrung für Berlin und wählte eine, zugegeben etwas teurere, Alternative. Ich mietete mir ein möbliertes 1 Zimmer Appartement für 2 Monate. Es war mir auch egal in welcher Lage es sich befand, da es ja nur auf Zeit war. Meine Möbel und die gepackten Kartons blieben derweil in Spaltenstein. So mußte ich zwar doppelt Miete bezahlen, hatte aber die notwendige Zeit mir auch mal vor Ort Tageszeitungen, Anzeigenblätter und Zettel an Laternenmasten genauer anzuschauen. Auf das Internet für eine Wohnungsvermittlung verzichtete ich nach den Erfahrungen der einen Woche. Selber klebte ich auch fleißig Zettel an Laternenmasten. Da ich tagsüber natürlich arbeiten mußte, blieben mir nur die freien Wochenenden oder die Abendbesichtigungstermine übrig. Und siehe da, nach einem Monat vor Ort Suche fand ich mit etwas Glück meine jetzige Wohnung im Berliner Ortsteil, Prenzlauer Berg.

Falls Sie also noch keine neue Wohnung haben sollten, nehmen Sie nicht die Erstbeste und lassen Sie sich nicht auf faule Kompromisse vom zukünftigen Vermieter ein. Erstens ist es Ihr Geld was Sie monatlich ausgeben und zweitens wollen Sie nach getaner Arbeit auch Erholung in Ihren neuen vier Wänden finden, oder?

Organisieren Sie rechtzeitig eine Abschiedsparty mit all Ihren Freunden und Nachbarn. Wie wäre es denn mal mit einer „Give-away-Party"? Hier kann man sich ganz einfach von sperrigem Gerümpel trennen, abklopfen wer vielleicht noch leere Umzugskartons übrig hat oder wer Lust und Zeit hat, eventuell mitzuhelfen. Auch hier nicht vergessen, viele Fotos zu machen …

Legen Sie sich schon mal einen großen am Besten farbigen DIN A4 Umschlag bereit und schreiben mit rotem Filzstift darauf: „Finanzamt Umzugsbelege". Kleben Sie diesen Umschlag an die Innenseite Ihrer Eingangstür und legen Sie hier alle Rechnungen die mit Ihrem Umzug zu tun haben hinein. – auch diese Buchrechnung! Ein weiterer Vorteil von diesem Umschlag ist, jedes Mal wenn

Sie Besuch an der Tür verabschieden, kommt das Thema Umzug auf. Schon aus Anstand wird Sie der Besuch fragen, ob er nicht irgendwie helfen kann. Natürlich werden Sie „JA" sagen!!!

Im Anhang dieses Buches finden Sie viele Kurzübersichten und haben auch die Möglichkeit, diese durch eigene Notizen zu ergänzen.

Viel Spaß beim lesen dieses Buches und ich wünsche Ihnen einen leichten, stressfreien und schnellen Umzug in eine tolle Zukunft!

Viele Grüße aus Berlin

Ihr
Thorsten Michael Bachor

Bevor es so richtig losgeht:

Haben Sie sich schon einmal Gedanken gemacht, wie Sie umziehen möchten? Setzen Sie auf die Unterstützung Ihrer Freunde, Bekannten und Kollegen, oder soll der Transport von einer professionellen Umzugsspedition übernommen werden?

Beides hat Vor- und Nachteile. Durch den selbst organisierten Umzug sparen Sie natürlich Geld, müssen aber sehr viel Zeit für die gesamte Organisation opfern.

Beantworten Sie für sich selber folgende Fragen:
Wer von Ihren Freunden hat einen LKW-Führerschein und kann auch rückwärts mit dem LKW einparken bzw. wenden?
Wie teuer ist die Vermietung?
Kann der LKW am neuen Wohnort abgegeben werden?
Wer zahlt bei einem eventuellen Unfall oder bei Beschädigungen?
Wie viele Helfer brauchen Sie am eigentlichen Umzugstag?
Sind Ihre Helfer auch wirklich zuverlässig oder kommen am Tag X die „Bandscheiben-Ausreden"?
Sollte es zu Streitigkeiten kommen, können Sie damit umgehen?
Wenn sie mehrere hundert Kilometer wegziehen, wo übernachten Ihre Helfer nach dem Auspacken?
Wer zahlt?
Was bieten Sie als Gegenleistung an?

Eine Umzugsfirma kostet selbstverständlich Geld kümmert sich aber um den gesamten Transport, die Organisation und den Aufbau der einzelnen Möbelstücke. Zudem übernimmt sie die gesamte Haftung, falls es zu Transportschäden kommen sollte. Ein fest vereinbarter Termin wird eingehalten.

Entscheiden Sie nicht voreilig sondern nehmen Sie sich ruhig etwas Zeit genauer darüber nachzudenken, was für Sie persönlich die beste und vor allem die einfachste Lösung ist!

Als nächstes informieren Sie sich bitte über Müll- Entsorgungsmöglichkeiten und wenn Sie möchten auch über Flohmarkttermine. Diese finden Sie in Ihrem regionalen Wochenblatt und beim Abfallwirtschaftsamt. Wichtige Termine über Altmetall, Sperrmüll, Gelber Sack, Elektronikschrottentsorgung, Grünabfälle, ect erfahren Sie auch bequem über das Internet Ihrer bisherigen Stadtverwaltung.

Notieren Sie sich bitte diese Termine hinten im Anhang von diesem Buch. Diese Termine werden später noch sehr wichtig für Sie werden.

Nehmen Sie jetzt einen kleinen Block zur Hand und notieren dort mehrmals Ihren Vor und Nachnamen sowie Ihre Festnetznummer und/oder Handynummer. Schneiden Sie mindestens 20 von diesen Streifen in unterschiedlichen Größen aus und packen Sie sie zusammen mit einem roten und grünen Filzstift sowie etwas Klebeband ins Auto. Sie werden überrascht sein, wieviel Geld wir durch diese Aktion sparen werden.

Schwabentipp: Jetzt geht's auf Supermarkt Tour. Genauer gesagt zuerst an die kostenlosen schwarzen Anzeigenbretter. Die großen Supermarktketten akzeptieren nur vorgefertigte Aushängekarten, aber wir sind ja bestens gewappnet. Nehmen Sie sich so eine Karte von der Information und schreiben mit den farbigen Filzstiften groß und deutlich: „Suche gebrauchte Umzugskartons" mit Namen und Telefonnummer. Hier kommt es darauf an, daß sich Ihre Anzeige von den anderen Kugelschreiber Anzeigen besonders gut absetzt.

Keiner, der etwas zu verschenken hat wird sich den Aufwand machen und erst nach einem Stift suchen um sich Ihren Namen und die Telefonnummer zu notieren. Daher stecken oder kleben Sie die Telefonnummernstreifen einfach unter Ihre Anzeige. – So einfach kann Geld sparen sein!

Schwabentipp: Wenn Sie schon im Supermarkt sind, dann sollten Sie gleich in der Schreibwaren Abteilung nach Paketklebeband suchen. Die Erfahrung hat gezeigt, daß das dortige „No-name" Klebeband um bis zu 2 Euro pro Stück billiger ist als im Baumarkt oder in der Postfiliale. Besorgen Sie sich auch billige Küchenpapierrollen und mehrere billige, weiße Papiertischdeckenrollen.

Die Rechnungen in den Finanzamtumschlag, der an Ihrer Eingangstür klebt.

Und warum das Ganze?

Nun, das Küchenpapier ersetzt das teure Seidenpapier und eignet sich ideal für das Einpacken des Geschirrs. Nach dem Einzug kann man das gebrauchte, aber noch saubere Küchenpapier für die Fensterreinigung oder die Zimmerreinigung benutzen. Mit den Papiertischdecken umwickeln wir unsere Tischbeine und Stuhlbeine um sie vor möglichen Kratzern oder Beschädigungen zu schützen. Außerdem können wir am Umzugstag damit die Teppich-/Laminatböden abdecken um Verschmutzungen zu vermeiden. Wir sparen uns die Tapezierfolien und unterstützen den Umweltschutz. Packpapier erfüllt den gleichen Zweck ist aber in der Regel etwas teurer.

Schwabentipp: Scheuen Sie sich auch nicht eine Verkäuferin nach leeren Bananenkartons zu fragen. In einigen Umzugsratgebern wird von Bananenkartons zwar abgeraten, da Sie nicht faltbar sind und in der Mitte des Bodens ein Loch haben, welches mit stabiler Pappe abgedeckt ist, trotzdem sind sie sehr robust und können uns ebenfalls noch gute Dienste leisten wie zum Beispiel für den Schuh- oder Kleider Transport. Also, was umsonst ist nehmen wir selbstverständlich mit!

Wiederholen Sie die schwarze Brett Aktion auch in anderen Supermärkten, achten Sie aber darauf, daß diese Märkte nicht all zu weit von Ihrer alten Wohnadresse entfernt sind. Vielleicht haben Sie auch die Möglichkeit in Ihrer Kantine, im Bürgeramt oder im Vereinsheim Zettel anzubringen.
Bei mir hat's prima geklappt und schon nach wenigen Tagen meldeten sich die ersten Anrufer.

Schwabentipp: Holen Sie aber vorwiegend nur Gratis Kartons ab!

Als Faustregel gilt: Pro Quadratmeter (inkl. Keller, Dachboden, Balkon, Garage) 1 Umzugskarton. Addieren Sie zu der Endsumme aber sicherheitshalber noch zehn Extrakartons dazu. Es spielt auch keine Rolle, ob die Kartons einheitliche Formate haben oder nicht. Wichtig ist nur dass sie stabil und stapelbar sind.

Natürlich bieten auch Baumärkte oder Umzugsfirmen Kartons an, aber gerade in den letzten Jahren sind die Preise für neue Kartons extrem gestiegen.

Schwabentipp: Lohnen sich teure neue Kartons für 1 x umziehen? Die kleinsten Kartons fangen bei 1,59 Euro pro Stück an.
Nein, hier heißt es schwäbisch denken und bis zu 100,- Euro sparen.

Wenn Sie sich doch für neue Umzugskartons entscheiden, dann fragen Sie unbedingt nach Mengenrabatten und machen Sie mehrere Preisvergleiche.

Wieder daheim setzten wir uns vors Internet:

Auch hier heißt es schwäbisch denken und Geld sparen! Haben Sie sich dafür entschieden, dass eine Spedition Ihren Umzug organisieren soll? Prima!

Schwabentipp: Starten Sie doch mal eine Rückwärts-Auktion, das heißt, die Spedition die am wenigsten kostet, bekommt den Umzugszuschlag!
Eine tolle Internetseite ist www.umzugsauktion.de Sie geben einfach Ihren bisherigen Wohnort und Ihren zukünftigen Wohnort ein und so kommen nach ein paar wenigen Stunden die ersten unverbindlichen Angebote per Email. Eine Auktionsgebühr wird für Sie nicht fällig!

Schwabentipp: Wie sieht es mit Ihrem zukünftigen Stromlieferanten aus? Klar, Sie haben jetzt bestimmt Wichtigeres im Kopf, aber auch hier lohnt sich ein Stromvergleich unter www.verivox.de oder www.stromvergleich.de. Durch den freien Wettbewerb lassen sich so zu dem örtlichen Anbieter auch wieder einige 10 Euro pro Jahr einsparen. Lassen sie sich einfach ein kostenloses Angebot per Post zuschicken und machen Sie sich Notizen im Anhang dieses Buches.

Schwabentipp: Besitzen Sie schon ein kostenloses Girokonto? Wenn nicht, dann ist jetzt der richtige Zeitpunkt dies zu ändern. Mittlerweile gibt es viele Banken die ein kostenloses Girokonto anbieten. Entscheiden Sie sich aber für eine bundesweite Bank, vielleicht kommt ja der nächste Umzug schneller als sie denken und so spart man sich die Zeit und die Nerven wieder alle Bankverbindungen abzuändern! Wenn Sie eine reine Onlinebank suchen schauen Sie mal unter www.dkb.de nach. Bevorzugen Sie lieber eine Schalterbank mit Service, dann erkundigen Sie sich mal in Ihrer nächsten Postbankfiliale.

Schauen Sie sich den Internetauftritt Ihrer zukünftigen Stadt an, laden Sie vorab schon einmal einen Stadtplan herunter.

Schwabentipp: Vergleichen Sie auch den Telefon- und Internetanschluss in Ihrer zukünftigen Wohnung. Ein Blick auf www.teltarif.de informiert Sie was derzeit welche Anbieter für Preise und Leistungen haben.

Nicht vergessen, den alten Telefon- und Internetanschluß rechtzeitig schriftlich kündigen. Eine einfache Email oder Anruf reicht hier leider nicht aus!

Weitere nützliche Internetadressen finden Sie im Anhang von diesem Buch.

Wenn Sie schon am Computer sitzen, dann erstellen Sie sich schon mal Blanko Adressänderungsschreiben. Nutzen Sie jetzt die Zeit um alle wichtigen Computerdateien auf CD-Rom oder USB-Sticks zu sichern, falls Ihr Rechner einen Transportschaden haben sollte, was ich natürlich für Sie nicht hoffen will. Schauen Sie bei der Gelegenheit auch nach, ob Sie alle Ihre Treiber und Programm CD-Roms komplett sortiert und beschriftet haben. Sicher ist sicher!

GANZ WICHTIG: Heben Sie alle Rechnungen die Ihren Umzug betreffen für Ihre nächste Einkommenssteuererklärung auf. Nähere Informationen erteilt Ihnen gerne das Finanzamt oder Ihr Steuerberater.

Schwabentipp: Hören Sie jetzt auf, alte Zeitungen, Plastiktüten, leere Toilettenpapier-/Küchenrollen oder Pappschachteln wegzuwerfen. Sie glauben gar nicht wie sehr wir diese Sachen noch benötigen werden ...
Wir kommen später darauf zurück. Fragen Sie auch Ihre Nachbarn und Freunde nach Einpackmaterial.
Eine weitere Möglichkeit nach kostenlosen Packmaterial zu suchen sind Wertstoffhöfe oder Möbelhäuser. Halten Sie auch Ausschau nach Wellpappe. Diese können wir prima für das Einpacken von Bilderrahmen gebrauchen.

Sprechen Sie mit Ihrer Personalabteilung und beantragen Sie bei Ihrem Arbeitgeber unbedingt rechtzeitig Urlaub oder Überstundenabbau.
Vielleicht besteht auch die Möglichkeit auf ein paar Tage Sonderurlaub. Auskünfte, ob Sie Anspruch auf Sonderurlaub haben, erteilen Ihnen Ihr Betriebs- oder Personalrat, sowie die Gewerkschaften.

Sodele, jetzt geht's aber richtig los!

Ich möchte Sie gerne auf eine Ausflugstour einladen und zwar durch Ihre jetzige Wohnung! Versuchen Sie einfach mal alle Ihre emotionalen Bindungen zu Gegenständen oder Kleidungsstücken auszuschalten. Ist nicht immer einfach, ich weiß, aber dazu später mehr. Unten sehen Sie, wie Sie Ihre Tour beginnen sollten.

Fangen wir ganz einfach auf dem Balkon an. Viel Spaß auf dieser Tour und halten Sie schon mal die Mülltüten bereit!

1. BALKON

2. KELLER UND GARAGE

3. SCHLAFZIMMER

4. WOHNZIMMER

5. ARBEITS-/GÄSTEZIMMER

6. GARDEROBE

7. ABSTELLRAUM

8. BADEZIMMER

9. KÜCHE

Der Balkon

Schauen Sie sich doch mal genau auf Ihrem Balkon um! Richtig, da steht ein angefangener Blumenerdesack, ein paar alte Plastiktöpfe, ein alter Stock für die Balkontomaten, Sonnenschirm, Plastikstuhl, Windlichter ein Aschenbecher und ähnliche Sachen.

Überlegen Sie mal, brauchen Sie wirklich diese alten Plastiktöpfe, das Windlicht oder die Blumenerde? Diese Gegenstände können Sie für wenige Euro an ihrem neuen Wohnort, wenn Sie sie wieder brauchen sollten, nachkaufen. Jetzt kommen die aber erstmal in die Mülltonne. Das spart Platz und später wieder Auspackzeit!

Ist der Plastikstuhl und der Sonnenschirm noch brauchbar, oder sind diese Sachen durch die intensive Sonneneinstrahlung vergilbt oder unansehnlich geworden. Wenn ja, dann tun Sie sich keinen Gefallen, diese Gegenstände aufzuheben, denn am neuen Wohnort werden Sie sie ja doch irgendwann erneuern. Also ab damit auf die Müllkippe – Wenn diese Gegenstände noch gut sind, – natürlich aufheben.

Wie sieht es mit der Balkonbepflanzung aus? Sind die Pflanzen noch gut in Schuss oder gar verlaust? Auch hier ist es ratsam lieber etwas zu verschenken z. B. bei der Abschiedsparty oder wegwerfen, als die Pflanzen aufwendig zu verpacken und mitzunehmen. Mehr zum Thema Pflanzen, später.

Schwabentipp: Denken Sie immer daran: Je weniger Sachen Sie haben um so weniger Umzugskarton brauchen Sie und Ihr Umzug geht schneller und wird billiger!

Sodele, jetzt seien Sie mal stolz auf sich, denn die erste Entkruschtelung (Entmistung) haben Sie hinter sich, war ja eigentlich auch nicht schwer, daher haben wir auf dem Balkon begonnen. Weiter geht's mit dem Keller!

Der Keller

Nachdem der Balkon ja nur ein Kinderspiel war, wird's jetzt etwas heftiger. Wir begeben uns hinab in die dunklen Tiefen Ihres Kellers. Wann waren Sie eigentlich das letzte Mal hier drinnen? OK, auf geht's!

Hier ist es wichtig, daß wir uns von allen unnötigen Gegenständen so schnell wie möglich trennen. Und damit meine ich wirklich von allen unnötigen Gegenständen;-)

Schauen wir uns doch mal um. Ein alter Staubsauger, eine alte Schreibmaschine, ein funktionsuntüchtiger Computer, ein altes Regal, ein kaputtes Fahrrad, alte Spiele, Leergut, Altkleider, Bücher usw.

Wann haben Sie diese Sachen das letzte Mal benutzt?
Brauchen Sie diese wirklich?
Warum stehen diese Sachen nicht in Ihrer Wohnung, sondern verstauben hier?
Warum hängen Sie an all diesen alten Keller Dingen?

Sehr gut ist es wenn Sie jetzt Ihre Werkzeugkiste kontrollieren. Verrostete Nägel oder krumme Haken helfen Ihnen in der neuen Wohnung nicht weiter. Haben Sie genügend Stahlnägel und Schrauben in Ihrer Werkzeugkiste? Sind die Grundwerkzeuge wie Hammer, Schraubenzieher, Zange, Zollstock und Feile vorhanden oder haben Sie es in irgendeiner Küchenschublade deponiert oder gar verliehen? Ist der Akkubohrer noch o.K.? Wo ist die Verlängerungsschur?

Packen Sie sich nun ein „Tool Package". Das heißt, einen Karton mit dem komplett kontrollierten Werkzeugkasten, Bohrmaschine, Verlängerungsschnur, Nägel, Schrauben, Dübel, Zangen, Holzstückchen, Mehrfachsteckdose, Wasserwaage usw. Malen Sie auf der Aussenseite des Kartons ein Zickzackmuster, damit dieser Karton in der neuen Wohnung gleich auffällt! Bitte nicht zukleben, denn dieses „Tool Package" wird wohl noch sehr oft benötigt!
Stellen Sie sich diesen Karton am Besten in Ihre Wohnung und laden Sie ihn als letztes in den Umzugs LKW.

Bedenken Sie: Was Sie seit 12 Monaten (für extrem Schwaben: 18 Monaten) weder angeschaut noch benutzt haben, können Sie getrost vergessen und entsorgen. Sie werden diesen Sachen auch nicht mehr nachtrauern.

Geben Sie sich einen Ruck und schauen Sie auf die letzten Seiten dieses Buches, da haben Sie sich ja all die Entsorgungstermine notiert, – oder etwa nicht? Packen Sie all diese Sachen ins Auto und ab damit zur Mülldeponie.

Schwabentipp: Der Keller als 2. Station ist deshalb so wichtig, weil er so leer wie möglich sein sollte. Hier werden wir all die vollen Umzugskartons aus der Wohnung stapeln. Das spart Zeit für die Umzugsfirma beim Aufladen der Kartons und wir sparen dadurch mehr Geld, als wenn alle Kartons von der Wohnung erst auf den Parkplatz herunter getragen werden müssen. Voraussetzung ist natürlich, dass Ihr Keller nicht feucht oder schimmelig ist!

Das Gleiche gilt auch für Ihre Garage. Nehmen Sie sich ruhig ein bisschen Zeit alles genau zu durchforsten. Schauen Sie mal in den kostenlosen Anzeigenblättern nach, vielleicht finden Sie dort Möglichkeiten sich von sperrigen Teilen zu trennen. Gute Gelegenheiten sind Flohmärkte, Skibazare, Ebay oder Ihre Abschiedsparty.

Der Kleiderschrank im Schlafzimmer

Schauen wir uns im Schlafzimmer um. Wie sieht es aus? Sind die Nachttische schon leer? Sie selber wissen, was sie an diesen Nachttisch Inhalten mitnehmen möchten. Bestimmt haben sie an so manchen Gegenständen noch fesselnde Erinnerungen ...

Unser Hauptaugenmerkmal richtet sich auf den großen Kleiderschrank und die Kommode. Bitte öffnen sie mal alle Schranktüren und Schubladen. Gehören Sie auch zu den Leuten, die der Meinung sind, dass sich die Mode alle 20 Jahre wiederholt? Gut, aber bedenken Sie, dass sie dann logischerweise auch 20 Jahre älter geworden sind und ob Sie dann noch im ravigen Technolook oder in einer Fetzenjeans rumlaufen möchten ist eher unwahrscheinlich. Was ich damit sagen will, – trennen Sie sich auch hier von Kleidung, die Sie seit 12 Monaten nicht mehr angezogen haben. Die Mode und Sie ändern sich und sie wollen ja auch nicht gerade in uralten oder unmodischen Klamotten rumlaufen, oder? Also warum aufheben? Eine verschlissene Jeans ist ja vielleicht noch ganz gut für Autoreparaturen oder den Keller aber bestimmt nicht für Ihren Kleiderschrank. Und mal unter uns, wann haben Sie das letzte mal eine Autoreparatur selber durchgeführt und warum wollen Sie sich eine andere Hose anziehen um in den Keller zu gehen?

Natürlich ist es nicht einfach, sich von Kleidung zu trennen, die noch gut aussieht, aber die leider nicht mehr aktuell ist oder gar nicht mehr paßt... Schauen Sie sich auch mal die Socken und Unterwäsche an. Ausgeleierte Sachen werfen Sie einfach weg oder spenden Sie der Altkleidersammlung.

Schwabentipp: Verkaufen Sie gut erhaltene Sachen von denen Sie sich trennen möchten an einen Second Hand Shop. Das geht schnell und hier bekommt man auch noch den einen oder anderen Euro zusätzlich.

Schwabentipp: Wenn Sie noch etwas Zeit haben, bevor der Umzug richtig losgeht, können Sie diese Sachen auch über Internetauktionshäuser wie z. B. www.ebay.de oder www.hood.de versteigern. Auch hier kann man sich über ein paar zusätzliche Euros freuen. Vergeuden Sie aber damit nicht allzu viel Zeit!

Werfen Sie auch einen kritischen Blick auf Ihre T-Shirts. Sind Ihre Sprüche Shirts noch zeitgemäß? Sind die weißen Shirts auch wirklich weiß oder schon vergilbt? Wie sieht es mit den Hemden, Blusen, Jacken oder Hosen aus?

Machen Sie nun 3 Stapel. Auf den ersten Stapel kommen Sachen, die Sie auf jeden Fall mitnehmen werden. Der zweite Stapel ist für den Second Hand Shop oder für Online Auktionen und der dritte Stapel wandert einfach direkt in die Altkleidersammlung oder in den Müll. Sie werden bestimmt überrascht sein, was auf dem Stapel alles landet!

Jetzt holen Sie Ihren großen Reisekoffer aus dem Keller. Stellen Sie sich vor, sie machen für 1-2 Wochen Urlaub in England. Unbeständiges Wetter und Temperaturschwankungen. Packen Sie Kleidung und Kulturbeutel für diesen fiktiven England Urlaub. Natürlich fahren Sie nicht auf die britische Insel, sondern viel besser, in Ihre neue Wohnung. Dieser Koffer erleichtert Ihnen aber die ersten Tage, wenn überall nur Pappkartons herumstehen.

Zum Schluß noch ein Blick auf Ihre Kleiderbügel. Mal ehrlich, brauchen Sie wirklich so viele Kleiderbügel im Schrank? Schmeißen Sie die billigen Plastikbügel in den gelben Sack/gelbe Tonne und behalten Sie die hochwertigen Holzbügel.

Das Wohnzimmer

Zurück zu meinem Vorwort. Freuen Sie sich auf etwas Neues.
Paßt da ein alter, sperriger und verstaubter Kerzenständer dazu?
Hat das Wandbild noch einen Wert für Sie oder haben Sie sich daran sattgesehen?
Überlebt die Obstschale mit dem Sprung noch den Umzug?
Paßt der alte Teppich in die zukünftige Wohnung?
Entscheiden Sie sich unemotional und trennen Sie sich von den unnötigen Sachen!

Wie sieht es mit der Video/DVD Sammlung aus? Die meisten Filme kommen doch eh irgendwann im Fernsehen. Wann haben Sie die Videos/DVDs zuletzt angeschaut? Also trennen Sie sich auch hier von den unnötigen Sachen.

Jetzt zu Ihrer großen CD-Sammlung. Was waren das noch für Zeiten als David Hasselhoff von „Looking for freedom" sang, man heimlich Modern Talking Musik gehört hat und die Spice Girls noch eine echte Girlgroup war. Normalerweise würde ich Ihnen als Schwabe auch raten, diese silbernen Scheiben über Internetauktionshäuser zu versteigern, aber ich selber habe die Erfahrung gemacht, dass in Zeiten von Mp3, Musik Downloads und Handyklingeltönen der CD-Markt total überlaufen ist und sich der ganze Aufwand einfach nicht lohnt. Sie würden also viel mehr Zeit für das Fotografieren und katalogisieren investieren als dass zum Schluss noch ein Gewinn für Sie rausspringen würde. Sprich, die Zeiten von alten CD's sind einfach vorbei! Schade, aber so ist die heutige Zeit!

Wissen Sie was eine einzelne Musik CD wiegt? Zirka 25 Gramm. Bei 150 CDs wären das schon mal locker 3,8 Kilogramm. Sie können sich ja bestimmt selber ausrechnen, wie viel Ihre ganze Sammlung wiegt und wieviel stabile Umzugskartons Sie dafür bräuchten.
Keine Angst, hier wird nichts weggeworfen. Schließlich haben Sie in den 90er Jahren bis zu 30,-- DM pro CD ausgegeben, stimmt's?

Schwabentipp: Besorgen Sie sich doch einfach mehrere CD-Alben. Die gibt es schon für wenige Euro im Supermarkt oder Elektromärkten. Hier wird nur die einzelne CD-Scheibe und das Booklet eingelegt. Die schwere Plastikhülle wandert in den gelben Sack.

Ich kann Ihnen garantieren, daß es auch vielmehr Spass macht in diesen Alben zu blättern als die einzelne CD im Regal mühsam herauzusuchen. Außerdem sind die Silberscheiben nun vor Staub und Schmutz geschützt. Sie glauben gar nicht wieviel Platz, Gewicht und Kartons wir durch diese Aktion sparen werden.

Bücher: Was haben Sie alles in den letzten Jahren gelesen? Regale voller Bücher, Infobroschüren und Ratgebern. Einige davon sind schon etwas eingestaubt und die Reiseführer nicht mehr aktuell. Leider gehören diese Sachen mit zu den schwerstes Gegenständen in Ihrer Wohnung.

Machen Sie einfach wieder 3 Stapel und sortieren Sie Ihre literarischen Schätze nach:

1. unbedingt mitnehmen (Klassiker)
2. ganz nette Geschichte, brauche ich nicht noch mal lesen.
3. Nicht mehr aktuell oder langweiliges Buch.

Die langweiligen und nicht mehr aktuellen Bücher entsorgen Sie gleich im Altpapiercontainer damit können sich schon mal über gespartes Transportgewicht freuen. Der zweite Stapel eignet sich ideal für kleine Abschiedsgeschenke. Tipp: Schreiben Sie ein paar persönliche Zeilen mit neuer Wohnungsanschrift für den Beschenkten auf die ersten Seiten. Ein guter Anlas wäre zum Beispiel Ihre Abschiedsparty. Das erhöht auch den Druck des Beschenkten Ihnen seine Hilfe am Umzugstag anzubieten …
;-)

Wenn Sie der Gedanke graust, Bücher einfach wegzuwerfen können Sie Ihre Bücher auch in einer Bücherei abgeben oder auf dem Flohmarkt verkaufen. Viel Geld werden Sie allerdings nicht mit alten Büchern verdienen.

Eine weitere und derzeit sehr interessante Möglichkeit sich von Büchern zu trennen ist das sogenannte Bücheraussetzen. Man registriert sich kostenlos im Internet unter www.bookcrossing.com und schreibt eine anonyme Registriernummer auf das Buch. Danach setzt man die Bücher einfach aus, lässt sie „zufällig" im Café, Zug, Bus liegen oder versteckt sie an trockenen Orten. Der Finder gibt die anonyme Registriernummer bei bookcrossing ein und so ist es unheimlich spannend den Gang des Buches zu verfolgen. Manchmal lernt man so wieder zusätzliche interessante Email Bekanntschaften kennen. Einfach mal ausprobieren! Aber auch hier gilt, nicht zu viel Zeit damit verschwenden.

Nachdem Sie Ihre Wohnzimmerschränke und Regale durchsucht haben, beginnen Sie jetzt mit dem Einpacken. Bei allem Respekt, aber meistens stehen im Wohnzimmer nur Dekorationsartikel herum, die wir erst wieder beim Einzug benötigen.

Machen Sie von den leeren Regalen und Schränken Fotos, – später mehr dazu im Kapitel Möbel abbauen.

Das Arbeitszimmer / Das Gästezimmer

Gehen Sie hier nach dem gleichen Prinzip vor wie in den anderen Räumen.

Zählen Sie mal Ihre Kugelschreiber auf dem Schreibtisch? Merken Sie was? Packen Sie die Schreibtischlampe in Ihr „New-Start-Package", später mehr dazu.
In den Schreibtischschubladen werden Sie ebenfalls noch unzählige Ansichtskarten, Briefpapierbögen, Umschläge, Druckerpapier und ähnliches finden. Suchen Sie sich die schönsten Postkarten aus um später allen die neue Anschrift mitzuteilen. Schauen Sie in Ihrer Schublade nach stabilen Briefumschlägen und legen Sie sie in die Schränke, die abmontiert werden. Wir werden in diese Umschläge dann die Schrauben und Scharniere hineinlegen und beschriften.

Die Garderobe

Werfen Sie alle übrigen Kleiderbügel weg. Kontrollieren Sie alle Regenschirme. Behalten Sie nur noch zwei Stück. Sehen alle Ihre Schuhe noch ansehnlich aus und sind aktuell? Weg mit dem Rest!

Der Abstellraum

Toll, sie ahnen ja schon was kommt. Also dann mal rann an die Arbeit.

Packen Sie sich ein kleines „Cleanpakage". Das heißt ein kleiner Karton mit z.B. ein paar Putztüchern, Küchentüchern, Schwamm, Bürste, Reinigungsmittel, Handbesen mit Schaufel, Handstaubsauger, Desinfektionsspray, Raumspray, WC-Stein und Waschmittel. Malen Sie ein Zickzack Muster auf die Aussenseite, damit dieser Karton in der neuen Wohnung gleich ins Auge fällt.

Das Badezimmer

Hier ist es besonders wichtig den Badezimmer Spiegelschrank zu kontrollieren. Angefangene Duftproben oder Shampoos können sie getrost wegwerfen. Schauen Sie sich auch die Handtücher an. Sind sie wirklich schön oder gar ausgefranst? Beginnen Sie jetzt mit dem gründlichen Entkalken der Dusche/Badewanne damit Sie später bei der Wohnungsübergabe keine Probleme mit dem Vermieter bekommen. Kontrollieren Sie auch die Ecken auf möglichen Schimmelbefall.

Die Küche

Hurra, wir sind an unserer letzten Station angelangt, die Küche.

Machen Sie bitte alle Schranktüren auf und kontrollieren Sie als erstes die Haltbarkeit der Lebensmittel und der Getränke. Manchmal finden sich hier Sachen, die schon seit Monaten abgelaufen sind. Gleich weg damit in die Biotonne. Nehmen Sie auch Ihren Kühlschrank genau unter die Lupe. Versuchen Sie Ihren Lebensmittelvorrat langsam aufzubrauchen.

Wann wurde das Gefrierfach oder der Gefrierschrank das letzte Mal abgetaut? Fangen Sie am Besten sofort damit an, später könnte die Zeit dafür knapp werden.

Was hat sich im Laufe der Zeit in den Küchenschränken an Geschirr so angesammelt? Die Christkindlesmarkttasse vom vorletzten Advent, der leere Kuchenteller von Mama, der nicht zurückgegebene Bierkrug vom Schützenfest, das Urlaubsglas von Tante Lilli, die Blumenvase mit dem hässlichen Motiv usw. Mit anderen Worten es haben sich auch hier im Laufe der Zeit viele Sachen angesammelt, die man eigentlich nie so richtig benutzt hat.
Am einfachsten kann man unnötiges Porzellan an Polterabenden entsorgen, aber meistens gibt es kurz vor einem Umzug keinen. Schauen Sie hier mal in die aktuellen Anzeigenblätter. Ab und zu findet man Menschen, die altes Porzellan kostenlos annehmen. – Ansonsten ab zur Müllkippe. Trennen Sie sich von allen Küchengeräten, die Sie nicht wirklich benutzt haben. Kontrollieren Sie alle Teller, Tassen, Gläser und Schüsseln auf Sprünge oder abgeplatzte Ränder. Diese werden Sie ja doch irgendwann wegwerfen, also tun Sie es jetzt! Entsorgen Sie ebenfalls stumpfe Messer.

Hund, Katze, Maus & Co

Sie sind unsere ständigen Mitbewohner, – ein wichtiger Teil in unserem Leben, – die lieben Haustiere. Aber akzeptiert der neue Vermieter überhaupt unsere liebgewonnenen Haustiere? Hat er Möglichkeiten diese sogar zu verbieten? Hier ein paar rechtsgültige Gerichtsurteile zu Haustieren:

Wenn im neuen Mietvertrag steht, dass keine Hunde oder Katzen gehalten werden dürfen, so müssen Sie sich als neuer Mieter daran halten! (BVerfG 1 BvR 126/80) Ausnahme: Yorkshire-Terrier, die als Kleintiere angesehen werden (LG Kassel 1 S 503/96; LG Düsseldorf 24 S 90/93).

Solange eine Katzenhaltung im Mietvertrag nicht ausdrücklich verboten ist, dürfen durch den Mieter Katzen gehalten werden (LG Braunschweig 6 S 458/99).

Kleintiere wie zum Beispiel Hamster, Zwergkaninchen, Fische, Sittiche, Meerschweinchen, Schildkröten können vom Mieter auch ohne Zustimmung des zukünftigen Vermieters gehalten werden. (BGH VIII ZMR 10/92) Achtung: Gerade Großsittiche machen sehr viel Lärm und die Nachbarn können Sie deshalb unter Umständen wegen Ruhestörung oder Lärmbelästigung anzeigen!

Ungiftige Nattern (Schlangen) dürfen ebenfalls ohne Zustimmung des Vermieters gehalten werden (AG Bückeburg 73 C 353/99[VI]).

Ratten- oder Mäusehaltungen dürfen dagegen verboten werden, da sie Ekelgefühle bei den Nachbarn auslösen können. (LG Essen 1 S 497/90).

Brechen Sie jetzt bitte nicht anhand der Gerichtsurteile einen Streit mit Ihren zukünftigen Vermieter vom Zaun. Versuchen Sie sich auf die menschliche Art zu verständigen und zu einigen!

Zurück zu unseren Lieblingen. Für sie bedeutet ein Umzug und eine neue Umgebung zusätzlicher Stress.

Bitten Sie doch Ihre Freunde oder Nachbarn gerade in der hektischen Zeit des Ausräumens und Abtransport der Möbel auf Bello, Tinka oder Bubi für ein paar Stunden aufzupassen. (Haustiersitter)

Während Hunde sich noch recht einfach an die neue Gegend und auf ein neues Revier einstellen, reagieren Katzen manchmal ziemlich empfindlich.

Falls noch nicht geschehen, gewöhnen Sie Ihre Katze auch an eine Transportbox und überrumpeln Sie Ihren Liebling nicht direkt am Umzugstag damit. Versuchen Sie beruhigend auf sie einzuwirken und transportieren Sie Ihre Haustiere unbedingt persönlich und mit dem Auto. Bitte nicht durch die Möbelpacker! Planen Sie auf Ihrer Autofahrt auch extra Pausen für die Tiere ein.

Kleintiere wie Vögel oder Hamster machen beim Umzug keine größeren Probleme. Bei Vögeln oder Nagetieren keinen Sand in den Käfig streuen, da er durch die Schaukelei verstreut werden kann. Nutzen Sie hierfür unbedrucktes Papier, bei Nagetieren Hamsterwolle sowie einen kleinen Pappkarton als Rückzugsecke. Geben Sie aber Ihren Tieren unbedingt die Möglichkeit der Trinkwasser Aufnahme, gerade bei längeren Autofahrten im Sommer brauchen unsere Lieblinge ausreichend Wasser.

Aquariumfische zu transportieren ist dagegen ein bißchen aufwendiger. Am Besten Sie besorgen sich ein oder zwei Plastiktransport Aquarien. Nicht zu viele Fische in diese Aquarien, es droht sonst Sauerstoffmangel. Haben Sie eine längere Autofahrt vor sich, besorgen sie sich unbedingt eine batteriebetriebene Sauerstoffpumpe. Gibt es über Internetversandhäuser. Also rechtzeitig bestellen! Für kleinere Transportstrecken können Sie die Fische auch in speziellen Zierfisch- Plastikbeuteln befördern. Achten Sie auch darauf, ob es sich um Kalt- oder Warmwasserfische handelt und schützen Sie die Fische vor Kälte.

Merken Sie sich generell bei jedem Haustier-Transport:
Ausreichend Wasser, ausreichend Sauerstoff, ausreichende Temperatur und Pausen.

Geben Sie Ihren Haustieren Zeit sich an die neue Umgebung zu gewöhnen und wundern Sie sich nicht, wenn die Tiere in den ersten Tagen etwas scheu und ängstlich sind.

Lassen Sie sich im Zweifelsfall auch von Ihrem Tierarzt oder einer Tierklinik über die besten Transportmöglichkeiten beraten. Telefonnummern finden Sie in den Gelben Seiten.

Die Pflanzen

Haben Sie einen grünen Daumen und in Ihrer Wohnung grünt und blüht es? Wunderbar, – Sie haben wirklich Talent! Oder stehen bei Ihnen halbvertrocknete, vielleicht auch verlauste Zimmerpflanzen herum? Na dann ab in die Biotonne!

Egal ob Sie einen kleinen oder einen größeren Umzug planen. Generell ist jeder Umzug extrem pflanzenfeindlich und sehr aufwendig. Wie wäre es wenn Sie Ihre „Blumenlieblinge" einfach Ihrer netten Nachbarin oder Ihren Arbeitskollegen schenken. (Natürlich nicht die verlausten)

Ein paar Pflanzengeschenke hinterlassen immer einen guten Eindruck und man wird Sie noch lange in positiver Erinnerung behalten. Bei einer 2 Meter hohen Yucca Palme dürfte dies allerdings etwas schwieriger werden …

Versuchen Sie doch mal von einigen Ihrer Pflanzen Ableger abzuschneiden. Diese in feuchtes Küchenpapier einwickeln, dann in eine Plastiktüte legen und in einer kleinen Schachtel mitnehmen. Den Rest können Sie dann mit einem reinen Gewissen als Biomüll entsorgen. Es ist auch ein tolles Erfolgserlebnis wenn in der neuen Wohnung die Ableger Wurzeln schlagen und neu eingetopft werden können. Ein Stückchen alte Wohnung grünt und wächst dann bei Ihnen weiter.

Wenn Sie sich dazu entscheiden, alle Ihre Pflanzen in die neue Wohnung mitzunehmen, müssen diese besonders gut und sicher verpackt werden, denken Sie auch an das Gewicht!

Besorgen Sie sich einen stabilen Pappkarton und legen den Boden mit mehreren Lagen Zeitungspapier aus, falls etwas Wasser auslaufen sollte. Dann den Erdballen der Pflanze mit einer durchsichtigen Plastiktüte einpacken und gut mit Klebeband verkleben. Die Pflanze dann in den Karton stellen und gegebenenfalls ein Stützgitter aus Draht oder Stöcken basteln, damit keine Zweige abbrechen. Hier können Sie auch einen hohen Kleiderkarton benutzen. Lassen Sie die eingepackten Pflanzen bis kurz vor dem eigentlichen Umzugstermin an einem hellen Fensterplatz stehen. Nicht mehr gießen, das verursacht nur zusätzliches Gewicht. Durch die durchsichtige Plastiktüte bildet sich schnell Kondenswasser, was die Zimmerpflanze für die nächsten Tage vor dem Austrocknen schützt.

Bedenken Sie auch die Jahreszeit in der Sie umziehen. Ist es tiefster Winter mit Minusgraden müssen die Pflanzen zusätzlich gegen Kälte und Zugluft geschützt werden. Ist es Hochsommer sollten Sie die Pflanzen noch etwas mit Wasser besprühen bevor Sie in den heißen Umzugswagen kommen.

Die Fenster

Gehören Sie auch zu dem Personenkreis der Window Colors total trendy fand? Richtig, es gab einmal einen ganz großen Boom, da sah man an fast jedem Fenster lustige kleine selbstgemalte Bildchen, also schon ziemlich lange her. Haben Sie etwa noch welche an Ihren Fensterscheiben? Ja? Na dann viel Spaß!

Probieren Sie jetzt mal diese Dinger wegzukriegen. Geht nicht, stimmt's? Leider mußte ich diese Erfahrung auch machen da durch die intensive Sonneneinstrahlungen diese Window Colors richtig in die Fensterscheibe eingebrannt waren. Als Tipp kann ich Ihnen nur raten, besorgen Sie sich einen starken Backofen Fettlöser. Mehrmals besprühen, – einwirken lassen und noch mal ordentlich dick einsprühen. Achten Sie bitte darauf, daß der Fettlöser nicht mit dem Fensterkitt oder dem Teppichboden in Berührung kommt. Dann mit einem Plastik- oder Holzspachtel vorsichtig entfernen. Haben Sie Geduld, es lösen sich immer nur kleine Stückchen ab. Am Besten fangen Sie sofort an, denn später könnte Ihnen die Zeit weglaufen. Benutzen Sie auf keinen Fall ein Messer oder eine Rasierklinge, da diese dauerhafte Kratzer in die Fensterscheibe machen und Sie wollen ja schließlich Ihre volle Mietkaution zurück haben, gell? Reinigen Sie anschließend mehrmals die Scheibe mit einem normalen Fensterreiniger, da durch den Fettlöser viele weiße Schlieren entstehen.

Bei dieser Gelegenheit kontrollieren Sie auch, ob Ihre Rolläden einwandfrei funktionieren. Gerade in Zimmern wo man selten ein Rollo herunterläßt könnte es Probleme geben. Sie fragen sich bestimmt warum, aber das könnten Mängel sein, die vielleicht später im Wohnungsübergabeprotokoll eingetragen werden.

Möbel abbauen

Sind alle Schränke und Regale leer, dann beginnen Sie mit dem Abbau. Falls Sie keine Aufbauanleitung mehr für Ihre Möbel haben, was eigentlich nach Jahren normal ist, numerieren Sie die Bretter mit einem Bleistift durch, das erleichtert später wieder den Aufbau. Vermerken Sie mit dem Bleistift zusätzliche Ergänzungen wie zum Beispiel: oben, unten, links, rechts, seitlich usw. Schrauben und Dübel kommen in eine kleine extra Plastiktüte oder in einen stabilen Briefumschlag den Sie an den abmontierten Brettern festkleben. Zusätzlich können Sie alle Bretter mit Papiertischdecken umwickeln und zusammenkleben. Bei großen Schrankwänden ist es auch hilfreich den Abbau mit mehreren Fotos zu dokumentieren, ideal dafür sind Fotohandys oder Digitalkameras, da man beim Einzug nicht erst die Bilder entwickeln lassen muss. Das wird Ihnen später den Aufbau ebenfalls erleichtern.

Wickeln Sie die Papiertischdecken auch um die Stuhl- und Tischbeine damit es zu keinen Kratzern kommen kann. Hier wäre Zeitungspapier eine schlechte Alternative, da sich die Druckerschwärze auf das Holz abfärbt und nur sehr schwer wieder entfernt werden kann.

Haben Sie sich für eine Spedition entschieden, so wird die sich um Ihre großen Wandbilder und den Fernseher kümmern. Machen Sie einen Selbstumzug so besorgen Sie sich vorher in Elektronikmärkten ein oder zwei große Fernsehkartons, die Sie zusätzlich mit Handtüchern oder Bettwäsche auspolstern. Eine Stereoanlage können Sie aber auch in einem Wäschekorb persönlich im Auto transportieren. Auch hier gut auspolstern.

Große Wandbilder mehrfach mit Wellpappe umwickeln und ganz zum Schluss in den Lastwagen auf die obersten Kartons legen. Aufpassen, dass sie nicht während der Fahrt herunterfallen können.

Die alte Wohnung

Lesen Sie sich bitte als erstes Ihren alten Mietvertrag durch:
Haben Sie fristgerecht gekündigt?
Was steht dort bezüglich Wohnungsrenovierungen?
Müssen Sie die Wände frisch gestrichen in weißer Farbe hinterlassen? Wenn ja, haben Sie die Zeit dies noch selber vor Ihrem Auszug zu erledigen oder wäre es besser einen Malerbetrieb dafür zu beauftragen?
Wie sieht es mit der Balkonbepflanzung aus?
Können die winterharten Nadelgehölze in den Balkonkästen bleiben oder müssen diese vor Auszug komplett entfernt werden?
Im Anhang finden Sie eine kurze Übersicht über ungültige Mietklauseln. Diese gelten natürlich auch für Ihre neue Wohnung.

Auch wenn Sie der Meinung sind, daß Ihre alte Wohnung sehr gut erhalten ist und das keine Mängel vorhanden oder ersichtlich sind, lassen Sie sich dies auf jeden Fall durch Ihren alten Vermieter bestätigen. Sie können das formlos mit Unterschrift und Datum machen, im Anhang finden sie ein Muster von einem Wohnungsübergabeprotokoll oder Sie können sich auch ein offizielles, kostenloses Übergabeprotokoll aus dem Internet vom Deutschen Mieterbund herunterladen, entweder unter www.mieterbund.de oder über www.immobilienscout24.de.

Achten Sie auch darauf, dass Sie Ihre hinterlegte Mietkaution in voller Höhe inklusive Zinsen am Auszugstag zurückerhalten.

Falls Sie doch einen selbstverschuldeten Mangel in Ihrer alten Wohnung entdecken, so informieren Sie vorab Ihren Vermieter und organisieren Sie evtl. einen Handwerkertermin. Achtung, Handwerker sind manchmal über Wochen im voraus ausgebucht. Fragen Sie unbedingt rechtzeitig nach einem Termin und vergleichen Sie auch die Preise. Ein Blick in die „Gelbe Seiten" hilft hier schnell weiter.

Stellen Sie einen Nachsendeantrag bei der Deutschen Post für 1 Jahr sparen Sie nicht an Geld in dem Sie nur für 6 Monate Ihre Briefe und Pakete nachschicken lassen. Gerade am Jahresanfang kommt viel Post und leider auch jede Menge Rechnungen. Auf diese Weise sparen wir uns eventuelle Mahngebühren.

Vorabplanungen für die neue Wohnung

Besorgen Sie sich vorab einen Grundriß der neuen Wohnung. Fangen Sie schon mal grob an zu planen, wo die einzelnen Möbelstücke stehen sollen. Messen Sie auch Ihre Möbel genau aus um hinterher keine bösen Überraschungen zu erleben. Achten Sie auch auf die Zimmerdecken Höhe, Heizkörper, Steckdosen, Wasseranschlüsse und Fensterbänke.

Wird Ihnen die neue Wohnung frisch renoviert übergeben oder müssen Sie vorher selber noch einige Maler- oder Tapezierarbeiten durchführen, weil Ihnen zum Beispiel die weiße Wandfarbe nicht gefällt? Unbedingt ein bis zwei Tage Zeit dafür einplanen.

Haben Sie Ihr Umzugsdatum klug geplant oder ist vielleicht gerade an diesem Tag ein Strassenfest, eine Parade, eine Messe, eine Veranstaltung oder gar eine Baustelle die die Zufahrt zu Ihrer neuen Strasse blockiert und es dadurch zu erheblichen Zeitverzögerungen kommt? („Time is money") Ein kurzer Anruf bei Ihrer zukünftigen Stadtverwaltung/ Tourismusbüro bringt Ihnen Planungssicherheit.

Schwabentipp: Fragen Sie bei dieser Gelegenheit auch nach, ob Sie einen aktuellen Orts- oder Stadtplan mit Strassenangaben und einen Fahrplan des ÖPNV (Bus-/U-Bahn Plan) kostenlos zugeschickt bekommen.

Wie sieht Ihre neue Umgebung aus? Kreuzen Sie auf dem zugeschickten oder gedownloadeten Stadtplan an wo Ihre neue Wohnung ist, wo Sie das Einwohnermeldeamt/Rathaus finden, wo sich Ihr neuer Arbeitsplatz befindet und wo es die nächsten Einkaufsmöglichkeiten gibt. Machen Sie sich auch Gedanken wie Sie diese am Besten erreichen können.
Nicht gerade einfach ist die Fahrt mit dem Auto in einer neuen und unbekannten Stadt. Stichwort: Parkplatzsuche. Gibt es an Ihrem neuen Wohnort auch Alternativen zum Auto, wie z. B. Bus, Bahn, U-Bahn? Wie sind die Abfahrts- und Ankunftszeiten?

Schwabentipp: Erkundigen Sie sich nach Spartickets und Vielfahrerkarten.

Welche Freizeitmöglichkeiten können Sie an Ihrem neuen Wohnort nutzen und wo befindet sich der nächste Sportverein?

Im Falle eines Falles, wissen Sie wo der neue Zahnarzt oder die Ambulanz ist?

Füllen Sie bitte im Anhang die Übersicht über Ihre neue Umgebung aus.

Packen wir's – 25 Tipps

Bestimmt haben Sie durch die Supermarkt Aktion schon einige Kartons bekommen.

Tipp 1: Betrachten Sie jeden einzelnen Gegenstand vor dem Einpacken noch mal mit kritischen Augen und sortieren Sie nochmals fleissig aus!

Tipp 2: Achten Sie bitte darauf, daß der Karton nicht zu schwer wird. Lieber zwei Kartons packen als die Gefahr einzugehen, dass ein überschwerer Karton reißt oder dass ein Helfer einen Hexenschuss bekommt. Halbleere Kartons mit leichten Kleidungsstücken auffüllen.

Tipp 3: Zusätzlich können Sie zerbrechliche Gegenstände noch in kleine Extra Kartons einpacken und diese dann in den eigentlichen Umzugskarton legen. Dadurch minimieren Sie das Bruchrisiko.

Tipp 4: Kissen, Decken, Jutetüten, Geschirr- und Handtüchern dienen ebenfalls als ideales Polstermaterial.

Tipp 5: Bevor Sie den Karton zukleben machen Sie einen vorsichtigen Rütteltest. Ansonsten nachpolstern!

Tipp 6: Bücher, Videos, Diamagazine oder CDs können sehr schnell schwer werden. Verteilen Sie diese Sachen doch einfach als „Lückenfüller" in andere Kartons.

Tipp 7: Falls Sie doch noch Polstermaterial kaufen möchten, heben Sie die Rechnungen auf für die nächste Einkommenssteuererklärung.

Tipp 8: Sparen Sie nicht am Klebeband. Sicherlich ist es nervig beim Auspacken der Kartons, aber es wäre bestimmt noch nerviger wenn ein Kartondeckel oder Boden einreißen würde und der Inhalt dadurch beschädigt wird.

Tipp 9: Schwabentipp: Geknülltes Zeitungspapier erfüllt den gleichen Zweck wie Luftpolsterfolie ist umsonst und umweltfreundlich.

Tipp 10: Schwabentipp: Sparen Sie sich das teure Seidenpapier für das Geschirr. Herkömmliches billiges Küchenrollen Papier erfüllt den gleichen Zweck. Wickeln Sie zuerst das Geschirr und andere zerbrechliche Gegenstände in Küchenrollen Papier ein und zusätzlich in mehrlagiges Zeitungspapier. Die Druckerschwärze wird sich nicht auf das Geschirr abfärben.

Tipp 11: Wichtige schriftliche Dokumente wie Reisepass, Geburtsurkunde, Bankunterlagen, Sparbücher, Wohnungsübergabeprotokolle usw. heften Sie in einem Extra Ordner ab, den Sie nicht aus den Augen lassen und persönlich transportieren.

Tipp 12: Schwere Sachen nach unten in den Karton legen. Leichtere Gegenstände immer nach oben.

Tipp 13: Ein leerer Wäschekorb eignet sich ideal für die Stereoanlage, die sie separat im Auto transportieren können. Das Gleiche gilt auch für kleinere Fernsehgeräte. Umwickeln Sie die Geräte einfach mit Handtüchern.

Tipp 14: In leere Toilettenpapier Rollen lassen sich Schnapsgläser sowie Porzellan Eierbecher einpacken und leere Küchenpapier Rollen eignen sich um schmale Sektgläser bruchsicher zu verstauen.

Tipp 15: Vergessen Sie nicht mit einem möglichst dicken Filzstift alle Kartons oben und an der Seite zu beschriften, kurz angeben aus welchen Zimmer sie stammen und welcher Inhalt vorhanden ist. Vermerke wie: „Vorsicht zerbrechlich" sind auch sehr hilfreich!

Tipp 16: Teppiche und Läufer einrollen und mit billigen, weißen Papiertischdecken (Supermarkt) oder Packpapier umwickeln und festkleben.

Tipp 17: Computer ganz zum Schluß abbauen. Fragen Sie mal in Elektromärkten nach leeren Fernseher- oder Computerkartons.

Tipp 18: Ganz wichtig! Umzugskartons nicht aus dem Stand anheben. Knie gebeugt und Rücken gerade halten, damit Sie keinen Hexenschuss bekommen.

Tipp 19: Schwabentipp: Für unempfindliche Kleidungsstücke wie z. B. Anorak, Socken, Pullover oder Unterwäsche können Sie sich Umzugskartons sparen und diese Sachen in saubere Müllbeuteln oder in leeren Reisetaschen transportieren.

Tipp 20: Denken Sie an Ihre „Tool-Package", „Clean-Package", Ihr „New-Start-Package" sowie Ihren „England-Urlaub-Koffer".

Tipp 21: Vergessen Sie nicht Arbeitshandschuhe und Tragegurte an die Eingangstür zu legen, damit man sie leicht finden kann.

Tipp 22: Wenn Sie alles eingepackt haben, machen Sie einen letzten Kontrollgang durch alle Zimmer. schauen Sie auch an Ihre Zimmerdecke. Sind alle Lampen abmontiert? Ist der Fahrradkeller auch wirklich leer? Haben Sie alle Ihre ausgeliehenen Sachen wie CD's, Bücher, Videos, usw. zurückbekommen?

Tipp 23: Behalten Sie einen letzten großen leeren Umzugskarton übrig. Oftmals findet man in letzter Minute Dinge die noch eingepackt werden müssen oder Sie bekommen von Ihren Nachbarn/Freunden noch diverse Abschiedsgeschenke wie zum Beispiel Geschenkkörbe.

Tipp 24: Schwabentipp: Stellen Sie nach und nach die fertig gepackten und verklebten Kartons in Ihren Keller oder die Garage. Das schafft Platz in der Wohnung, spart der Umzugsfirma Zeit und Ihnen Geld. (Time is money)

Tipp 25: Mit Musik läuft alles einfacher. Lassen Sie ein kleines Batterieradio laufen. Loben Sie Ihre Helfer und muntern Sie sie regelmäßig auf. Spendieren Sie auch mal eine Kaffeepause.

Starten Sie jetzt den Umzugscountdown!

Suchen Sie sich für den Startschuß Ihres Umzugscountdowns Ihren nächsten freien Arbeitstag oder das Wochenende aus! Sie haben ja jetzt schon den Vorteil, dass Sie unheimlich viel aussortiert haben. Das erleichtert einiges und spart Ihnen wertvolle Zeit.

Setzen Sie sich auch in den nächsten Tagen erreichbare Ziele nach dem Motto: „Wenn ich heute von der Arbeit nach Hause komme, packe ich den Inhalt des Wohnzimmerschrankes ein" oder „am nächsten Samstag lade ich mein Auto voll und fahre zur Müllkippe."

Im Anhang finden Sie eine Kurzübersicht über Ihren Umzugscountdown, beginnend zirka 3 Wochen vor dem eigentlichen Umzugstag. Dabei spielt es keine Rolle in welcher Reihenfolge Sie vorgehen. Wichtig ist dabei nur, dass Sie nichts wichtiges vergessen wie zum Beispiel die Ummeldung im Rathaus. Dies muß innerhalb von 7 Tagen geschehen.

Eine Telefonummeldung kann unter Umständen bis zu 6 Wochen dauern. Im hochmodernen Computer und Internet Zeitalter ist dies kaum zu glauben, aber leider manchmal Realität. Hier rechtzeitig damit beginnen und vor allem schriftlich einen Termin setzen. Vergessen Sie nicht Ihre alte Telefonanlage, Ihr DSL-Kabel sowie den Splitter mitzunehmen. Den haben Sie schließlich bezahlt und der gehört Ihnen.

Geben Sie Ihre neue Anschrift bei Firmen immer schriftlich mit Kundennummer und Unterschrift an.
Denken Sie auch an die Kfz Ummeldung. Besorgen Sie sich von Ihrer Autoversicherung eine Versicherungsdoppelkarte.

Wenn Sie private Parkplätze vor Ihrer alten Wohnung haben, so bitten Sie die Nachbarn, die Fahrzeuge am Umzugstag für ein paar Stunden woanders zu parken, damit der Lastwagen problemlos parken kann. Markieren Sie diese Ladezone noch zusätzlich mit freundlichen Zetteln. Sollten Sie keine direkten Parkplätze vor Ihrer alten Wohnung haben und der LKW muß an der Strasse parken, so beantragen Sie zirka 2 Wochen vor dem Umzug bei Ihrem Ordnungsamt Halteverbotsschilder. Dies gilt natürlich auch für Ihre neue Wohnung. Sie können aber auch einen Online-Dienstleister damit beauftragen. Infos gibt es unter www.moveasy.de.

Wenn Sie sich für eine Umzugsspedition entschieden haben, so erledigen das die Profis für Sie!

Für Ihre Helfer halten Sie ein paar 5 Euro Trinkgeldscheine bereit, die sie vorher von der Bank besorgen (nicht Geldautomaten). Bringen Sie auch die Telefonnummer von einem Pizzadienst in Ihrer neuen Stadt in Erfahrung (Telefonbuch/Auskunft 11880 oder 11833) und speichern Sie diese Nummer in Ihrem Handy. Wenn alles ausgeladen ist, freuen Sie sich und Ihre fleißigen Helfer bestimmt über eine warme Familienpizza.

Sie schaffen das schon nur nicht entmutigen lassen. Vieles kann man sogar an einem einzigen freien Tag erledigen bzw. organisieren.

Soo viele Kartons ….

Erinnern Sie sich noch? Sie sollten ein „Clean-Package" und ein „Tool-Package" packen und die Seiten des Kartons mit einer Zickzack Linie kennzeichnen, damit diese Kartons gleich in der neuen Wohnung auffallen.

Jetzt bitte ich Sie ein allerletztes „New-Start-Package" zu packen. Verfahren Sie mit der Kennzeichnung des Kartons wie gehabt. Dieses letzte Paket soll Ihnen den Start in der neuen Wohnung erleichtern. Hier eine Übersicht was in die einzelnen Kartons reingehört:

„New-Start-Package":
Verbandszeug, Taschenlampe mit vollen Batterien, Toilettenpapier, Schnur, Taschenmesser, selbststehende Kerze mit Zündhölzer oder Feuerzeug, Handtuch, Glühbirnen mit Fassung (Energiesparlampen), Schreibtischlampe, Notizblock, Stifte, Adressbuch, kleines Radio, Süßigkeiten, Getränke, Tiernahrung, etwas Besteck, Dosenöffner, kleiner Reisespiegel

„Clean-Package":
Putztücher, Küchentücher, Schwamm, Bürste, Reinigungsmittel, Handbesen mit Schaufel, Handstaubsauger, Desinfektionsspray, Raumspray, WC-Stein, Waschmittel,

„Tool-Package":
Bitte nicht zukleben!
Werkzeugkasten inkl. Hammer, Schraubenzieher, Nägel, Bohrmaschine, Verlängerungsschnur, Dübel, Schrauben, Zangen, Holzstückchen, Mehrfachsteckdose, Wasserwaage

persönlicher Ordner:
(Nicht aus den Augen lassen und selber transportieren!)

Reisepaß, Personalausweis, Bankunterlagen, Geburtsurkunde, alter und neuer Mietvertrag, Abmeldebestätigung, Impfpass, Wohnungsprotokolle, andere wichtige Dokumente. Brieftasche möglichst am Körper tragen.

Reisekoffer und Kulturbeutel:
Packen Sie hier Kleidung für 1-2 Wochen „England-Urlaub" ein.

Vor dem Umzugstag

Bevor der ganz große Tag beginnt, bestellen Sie 1-2 Tage vorher beim Bäcker mehrere belegte Brötchen und kaufen Sie pfandfreie Getränke ein, als Wegzehrung und um die Helfer zu versorgen. Außerdem sparen Sie sich den Abwasch. Sprechen Sie sich auch mit dem alten Vermieter wegen der Wohnungsübergabe ab. Falls Sie einen Zweitschlüssel bei Ihren Eltern oder Freunden plaziert haben, sorgen Sie dafür, dass Sie diesen spätestens jetzt zurück bekommen. Laden Sie heute auch Ihren Akkubohrer und Ihr Mobilfunktelefon auf.

Der Umzugstag

Jetzt freuen Sie sich! Sie haben in den letzten Wochen unzählige Sachen entsorgt, Kartons und Kisten gepackt und nun geht es endlich los in eine schöne, neue Wohnung. Lassen Sie bloß keinen Stress aufkommen. Holen Sie vom Bäcker die belegten Brötchen ab und genießen Sie ein letztes mal stehend ein Frühstück in Ihren alten 4 Wänden.

Der Lastwagen fährt vor, es klingelt. Hat doch alles prima geklappt, oder? Laden Sie zuerst alle Kartons in den LKW und erst zum Schluß die Möbel, denn diese werden am neuen Wohnort als erstes wieder ausgeladen und aufgebaut. Geben Sie dem Fahrer unbedingt Ihre Handynummer, falls es zu Verzögerungen kommen sollte. Achten Sie auch darauf, daß Ihr Handy aufgeladen und eingeschaltet ist, sowie bei Prepaid Handys ein ausreichendes Guthaben vorhanden ist. Nichts ist ärgerlicher, wenn man Sie heute nur über die Mailbox erreichen kann!

Gehen Sie mit Ihrem alten Vermieter das Wohnungsübergabeprotokoll durch und lassen Sie es sich mit Datum plus Unterschrift bestätigen. Danach entfernen Sie alle Namensschilder vom Briefkasten und der Klingel und übergeben dann alle Schlüssel einschließlich der Ersatzschlüssel.

 Ein kleiner Blick zurück, ein tiefer Seufzer und ein letztes Tschüß zu den Nachbarn, dann setzen Sie sich mit Ihrem persönlichen Ordner und Ihren Haustieren ins Auto und fahren dem Lastwagen hinterher.

Die Zukunft beginnt jetzt. Herzlichen Glückwunsch!

Ankunft in der neuen Wohnung

Trauern Sie etwa der alten Wohnung noch nach? Keine Angst, dass ist menschlich, aber Sie haben ja genügend Fotos von der bisherigen Wohnung gemacht so können Sie, wann immer Sie es wollen, in alten Erinnerungen schwelgen.

Das hat ja alles wunderbar hingehauen! Der Lastwagen ist zügig angekommen und hat auch gleich einen Parkplatz bekommen, – Dank Ihrer Organisation!

Bevor es ans ausladen geht, bitten Sie den neuen Vermieter mit Ihnen gemeinsam die neue Wohnung zu betreten und ein neues Wohnungsübergabeprotokoll zu machen. Den Ordner mit den Protokollen haben Sie ja die ganze Zeit nicht aus den Augen gelassen, stimmt's?

Schauen Sie aber jetzt zuerst an die Decke. Sind Deckenlampen vorhanden die später für Licht sorgen oder muß hier Ihr „New-Start-Package" gleich zum Einsatz kommen? Sie wissen schon, der Karton mit den Glühbirnen. Sorgen Sie auf jeden Fall zuerst für Licht bevor alles herumsteht. Es wäre doch frustrierend, wenn man am ersten Abend gleich im Dunkeln sitzen würde.

Dann entladen! Zuerst die Möbel. Sie haben sich ja schon im Vorfeld an Hand des neuen Grundrisses Gedanken gemacht wo die Möbel alle hinkommen sollen. Halten Sie sich nicht damit auf, Regale anzuschrauben, oder Bilder aufzuhängen das kann auch noch in den nächsten Tagen geschehen. Ganz wichtig, zuerst das Bett und den Kleiderschrank aufbauen. Sie wollen doch irgendwann auch mal schlafen! Schauen Sie auch nach, ob im Badezimmer schon ein Spiegel hängt, ansonsten gleich den Reisespiegel aus dem „New-Start-Package" hinstellen. Nichts ist für Männer nerviger als sich blind zu rasieren oder wenn Frauen keinen Schminkspiegel haben.

Stellen Sie alle anderen Kartons sortiert nach Zimmerangabe, welche Sie ja während des Einpackens mit einem dicken Filzstift vermerkt haben, in die Mitte der Räume. Nicht an die Wände! Die sind schon für die Möbel reserviert.

Bevor die letzten Kartons ausgeladen werden, bestellen Sie eine große Familienpizza mit dem Handy, bedanken Sie sich bei Ihren Helfern und lassen ein kleines Trinkgeld springen. Tun Sie sich jetzt nicht noch das Auspacken an. Dafür haben Sie auch noch in den nächsten Tagen Zeit. Lüften Sie die Wohnung ordentlich durch und lassen Sie den Abend in aller Ruhe ausklingen. Sie haben es sich wirklich verdient!

Träumen Sie was schönes, denn der Volksmund sagt ja, dass der erste Traum in einer neuen Wohnung in Erfüllung geht.

Also dann, Gute Nacht in Ihrer neuen Wohnung!

Neue Kontakte finden

Natürlich gibt es kein Patentrezept wie Sie in Ihrer neuen Umgebung schnell neue Freunde und neue Bekannte finden können. Schließlich entscheiden Sie selbst mit wem Sie auskommen möchten und mit wem nicht.

Wer sagt denn, dass Sie nur EINE grosse Einweihungsparty machen müssen. Meistens sind dann so viele Leute zusammen, dass Sie vor lauter Organisation kaum Zeit haben neue Kontakte zu knüpfen.

Ein Vorschlag wäre, dass Sie zum Beispiel ein Helferfest machen, wo Sie sich ganz besonders bei den Personen bedanken, die Ihnen tatkräftig die ganze Zeit geholfen haben.

Wie wäre es denn etwas später mit einem speziellen Nachbarschaftsfest. Sie müssen kein Superkoch sein um vor Ihren neuen Nachbarn zu glänzen. Ein kleines Balkongrillfest oder ein kleiner Sektempfang mit fertig belegten Platten und/oder Salaten reicht vollkommen aus. Hauptgesprächsthema an diesem Abend natürlich Ihr Umzug. Hier haben Sie auch die einmalige Gelegenheit Ihre Nachbarn genauer kennen zu lernen. Sie erfahren direkt aus erster Hand was in der Umgebung so alles abläuft, wo man die besten Schnäppchen kaufen kann und was es in Ihrer neuen Stadt alles für Freizeitaktivitäten gibt. Ihnen wird auch auffallen, welcher neue Nachbar / Nachbarin besonders vertrauenswürdig ist um ihm/ ihr später einmal den Ersatzschlüssel zu überlassen oder um ihn / sie mal zu fragen ob er / sie in Ihrem Urlaub mal den Briefkasten leert und die Zimmerpflanzen gießt.

Statt dem obligatorischen Einstand mit Butterbrezeln und Kaffee können sie auch ein nettes Kollegenfest organisieren. Laden Sie doch mal alle Ihre neuen Arbeitskollegen zu einem kleinen Fondue Essen oder zum Spieleabend zu sich nach Hause ein. Auch hier kann man in lockerer Atmosphäre schnell neue Kontakte finden. Und das Hauptgesprächsthema an diesem Abend ist sowieso der Chef oder die Chefin.

Wollten Sie sich schon immer einmal sportlich betätigen? Warum melden Sie sich dann nicht mal in einem Sportverein oder Fitnessstudio an? Hier finden

Sie gleichaltrige Menschen die die gleichen Interessen haben wie Sie, – nämlich sportlich zu sein und das eine oder andere Kalorienchen zu verbrennen.

Wenn es Ihre Freizeit zuläßt können Sie sich auch in Volkshochschulkursen anmelden.

Auch Singlecafes, Afterwork Parties, Running Dinners oder Ü30 Parties sind Möglichkeiten schnell neue Kontakte zu finden.

Gehen Sie öfters mal alleine weg, genießen Sie das Leben in Ihrer neuen Stadt, – keiner wird mit dem Finger auf sie zeigen, weil sie keinen Partner haben. Mal abgesehen davon, dass sie ja auch (noch) keiner kennt.

Ganz wichtig: Seien Sie, Sie selbst. Versuchen Sie sich nicht zu verstellen. Lassen Sie sich viel Zeit und seien Sie nicht zu verkrampft oder aufgesetzt freundlich. Niemand erwartet von Ihnen als Neuling in einer neuen Stadt, daß Sie in kürzester Zeit einen riesigen neuen Freundeskreis haben. Erwarten Sie das auch nicht von sich selbst!

Finger weg von Online Chats, Single Online-Datings, oder Secondlife.

Ihr neues Leben beginnt vor Ihrer Haustüre und nicht vor dem Computer oder im Internet!!!

Email Freundschaften sind zwar ganz nett, aber meistens findet man keine echten Freunde, die man bei Problemen um Rat fragen will!

Vergessen Sie Ihre alten Freunde nicht!!!
(Kleine Geschenke erhalten die Freundschaft)

Schwäbischer Single Umzug
Anhang

Abfalltermine

Aktuelle Termine erhalten Sie telefonisch über Ihre bisherige Stadtverwaltung oder über das Internet Ihrer Stadt.

Altmetall am: _____

Restmüll am: _____

Biomüll am: _____

Gartenabfall am: _____

Gelber Sack am: _____

Altkleidersammlung am: _____

Papiersammlung am: _____

Problemstoffsammlung am: _____

Christbaumsammlung am: _____

Sperrmüll am: _____

Elektroniksammlung am: _____

Öffnungszeiten der Mülldeponie:

Montag bis Freitag   von: bis:

Samstag   von: bis:

Telefonnummer: _____

Email: _____

Öffnungszeiten des Wertstoffhofes:

Montag bis Freitag   von: bis:

Samstag   von: bis:

Telefonnummer: _____

Email: _____

Der nächste Flohmarkt-/Skibazartermin:

Wo: _____

Uhrzeit: _____

Die neue Anschrift

Checkliste: Neue Anschrift schriftlich mitgeteilt an:

(**Schwabentipp:** Den Freunden und Verwandten die neue Adresse per SMS, Telefon oder Email mitteilen, das spart Briefporto!)

- Freunde,
- Verwandte und Nachbarn
- Bafög
- Finanzamt
- Krankenkasse und Ärzten
- Versicherungen
- Deutsche Rentenversicherungsanstalt
- Mobilfunkanbieter
- Online Dienstleister (wie z.B. ebay)
- GEZ
- Arbeitsamt
- Arbeitgeber / Universität
- Kindergeldkasse
- Banken
- Bausparkasse
- Geschäftspartner
- Kreditkarteninstitute
- Sonstige Kreditgeber
- Abonnements
- Bücher-, CD Club
- Eigene Notizen:
- Post Nachsendeauftrag spätestens 1 Woche vor Umzugsbeginn für 1 Jahr stellen.

Muster Kündigung des Telefonanschlusses/ Internetanschlusses

Name:

alte Anschrift: Datum:

_____

_____

_____

_____

zukünftige Anschrift:

_____

_____

_____

_____

Kündigung meines Telefon-Internetanschlusses Nr.
Kundennummer:

Sehr geehrte Damen und Herren,

Hiermit kündige ich meinen Telefon-/Internetanschluß fristgerecht zum

Bitte schicken Sie mir eine Schlußabrechnung zu.

Mit freundlichen Grüßen

Muster Wohnungsübergabeprotokoll bei Auszug

Mieter:

Neue Anschrift:

Vermieter:

Abgelesene Zählerstände am Übergabetag:

Strom:
Wasser:
Gas:

Zimmer:	In Ordnung (ja/nein)	Mängel:
Küche:		
Bad/WC:		
Wohnzimmer:		
Schlafzimmer:		
Flur/Diele:		
Zimmer 1:		
Zimmer 2:		
Zimmer 3:		
Balkon:		
Garage:		
Keller:		
Sonstige:		

Schlüsselübergabe:

Datum: Unterschrift Mieter   Unterschrift Vermieter

_____

Muster Wohnungsübergabeprotokoll bei Einzug:

Mieter:

Anschrift:

Vermieter:

Abgelesene Zählerstände am Übergabetag:

Strom:
Wasser:
Gas:

Zimmer: In Ordnung (ja/nein)   Mängel:

Küche:
Bad/WC:
Wohnzimmer:
Schlafzimmer:
Flur/Diele:
Zimmer 1:
Zimmer 2:
Zimmer 3:
Balkon:
Garage:
Keller:
Sonstige:

Schlüsselübergabe:

Datum: Unterschrift Mieter   Unterschrift Vermieter

Meine neue Umgebung

Meine neue Anschrift:

Telefonnummer vom neuen Vermieter:
Telefonnummer vom alten Vermieter:
Telefonnummer der Umzugsfirma:

Wo befindet sich was: Adresse: Telefonnummer:

Rathaus:

Polizei:

Arbeitsplatz/Universität:

Nächster Arzt:

Krankenhaus:

Altpapiercontainer:

Sonstiges:

Abfahrtszeiten öffentlicher Personennahverkehr von meiner Strasse:

Ankunftszeiten bei:

Weitere Notizen: (Strassensperrungen)

Kurzfassung: Persönlicher Umzugscountdown

Ca. 3-4 Wochen vorher:
- Spätestens jetzt eine Umzugsfirma finden
- Wohnungsrundgang. Entsorgen und packen beginnen
- Neues kostenloses Girokonto eröffnen
- Einzugsermächtigungen, Daueraufträge kontrollieren/ändern
- GEZ benachrichtigen
- Packmaterial besorgen
- Evtl. Rentenservice informieren
- Handwerkertermin für evtl. Reparaturen
- Umzugshelfer (Freunde) organisieren
- Kabel,- Strom-, Internet und Telefonanschluß kündigen/ändern
- Halteverbotsschilder beim Ordungsamt beantragen
- Abschiedsparty organisieren
- Geborgte Sachen einfordern bzw. zurückgeben

Ca. 1 Woche vorher:
- Handwerkertermin bestätigen lassen
- Termin von Umzugsfirma bestätigen lassen
- Termin Babysitter und/oder Haustiersitter vereinbaren
- Hausmeister und Nachbarn informieren
- Nachsendeantrag bei der Deutschen Post stellen
- Zum Rathaus gehen und Abmeldung machen
- Kleidungskoffer für neue Wohnung packen
- Adressänderungen schreiben und abschicken

Ca. 2 Tage vorher:

- letzte Kartons packen und einen leeren zurückbehalten
- Werkzeug / Handschuhe bereitlegen („Tool Package")
- Parkplatz vor dem Haus reservieren und markieren
- Belegte Brötchen, Snacks beim Bäcker bestellen
- Pfandfreie Getränke besorgen
- 5 Euro Scheine für Trinkgelder besorgen.
- Altes Girokonto kündigen
- (Prepaid) Handys aufladen
-

Umzugstag:

- belegte Brötchen, Snacks vom Bäcker abholen (bringen lassen)
- Fußböden, Laminat und Teppiche abdecken (wegen Möbeltransport)
- Wohnungsübergabeprotokoll mit Vermieter machen
- Briefkasten leeren und Namensschilder entfernen
- Schlüsselübergabe inkl. Ersatzschlüssel
- Aufgeladenes und eingeschaltetes Handy am Körper tragen

Nerven behalten und lächeln!

Kurzfassung: Mein persönlicher Einzugscountdown

Umzugstag:

- Schlüsselübergabe
- Einzugsübergabeprotokoll mit neuem Vermieter machen
- Namensschild an Briefkasten und Klingel anbringen
- Bett und Schrank aufbauen
- Mietkaution
-

Ca. 2 Tage nachher:

- Paßamt, Einwohnermeldeamt
- Kfz ummelden
- Telefon-/Internetanschluß anmelden
- Überprüfung des Umzugsguts auf mögliche Beschädigungen
- Reklamationen so schnell wie möglich schriftlich der Umzugsfirma melden und zusätzlich fotografieren
- Bei neuen Nachbarn vorstellen
- Auspacken, auspacken, auspacken

Ca. 2 Wochen nachher:

- letzte Kartons auspacken
- Umgebung zu Fuß oder mit dem Fahrrad erkunden (wo sind die nächsten Altpapier/Altglas Container?)
- Einweihungsparty organisieren
- Anzeige im Supermarkt: „Gebrauchte Umzugskartons abzugeben"

Nützliche Internetadressen:

Wohnung / Nachmieter finden:
www.immobilienscout24.de, www.immonet.de

Günstige Umzugsfirma finden:
www.umzugsauktion.de und www.umzugsunternehmen-vergleichen.de

Günstige Umzugshelfer finden:
www.studenten-vermittlung24.de und www.ansus.de/umzugshelfer

Halteverbotsschilder aufstellen und wieder abholen:
www.moveasy.de

Günstige Handwerker finden:
www.my-hammer.de

Günstigen Stromanbieter finden:
www.verivox.de und www.stromkosten-senken.de

Günstigen Telefonanbieter finden:
www.teltarif.de

Billigvorwahl finden (Call by Call):
www.billigvorwahl-vergleich.de

kostenlose Girokonten:
www.dkb.de und www.postbank.de

Nachsendeauftrag online erteilen:
www.deutschepost.de

Gelbe Seiten:
www.gelbeseiten.de und www.dastelefonbuch.de

Einrichten und Wohnen:
www.home-sweet-home.de

Stadtpläne:
www.reiseplanung.de

Steuerfragen:
www.steuerzahler.de und www.ratgeber-steuer24.de und www.finanzamt.de

Deutscher Mieterbund:
www.mieterbund.de

Umzugskredite vergleichen:
www.forium.de/ratenkredite.htm

Online Flohmärkte:
www.ebay.de und www.hood.de

Ihre neue Stadt:

www.alles-deutschland.de oder www.alles-austria.at

Thorsten Michael Bachor Homepage:

www.bachor.tv

Rechtlicher Hinweis: „Ich möchte ausdrücklich betonen, dass ich keinerlei Einfluß auf die Gestaltung und die Inhalte der hier genannten Internetadressen habe. Deshalb distanzieren ich mich hiermit ausdrücklich von allen Inhalten aller Webseiten die in diesem Buch genannt werden. Sie dienen lediglich als Hilfe für Personen, die am Umziehen sind. Ferner fließen auch keine Provisionen zwischen den Online-Dienstleistern und dem Autor."

Eigene Notizen:

www. _____

www. _____

www. _____

www. _____

www. _____

www. _____

www. _____

www. _____

Kurze Übersicht ungültiger Mietklauseln

Da sich im Mietrecht laufend etwas ändert müssen hier die Wörter „ohne Gewähr" stehen!

Verpflichtung zu regelmäßigen Schönheitsreparaturen (BGH-Urteil: VIII ZR 361/03)

Der Vermieter kann die Räume jederzeit betreten
(Grundgesetz Art. 13 Unverletzlichkeit der Wohnung)

Zwischen 22 und 6 Uhr ist Baden verboten.

Längerer Besuch muss vom Vermieter genehmigt werde
(Sittenwidrig)

Der Mieter ist verpflichtet, den Parkettfußboden abzuschleifen und zu versiegeln (falsch, muss der Vermieter machen)

Der Mieter verpflichtet sich, die Fenster einmal jährlich durch eine Fachfirma warten zu lassen. Die Wartung obliegt üblicherweise dem Vermieter.

Das Halten von Haustiere ist nicht zulässig.
Der Vermieter darf zwar Hunde oder Katzenhaltung untersagen, aber gegen Kleintiere wie Hamster, Fische, oder Vögel ist diese Klausel unwirksam.
Aber Achtung: Gerade große Papageien oder Beos können sehr laut sein. Hier können Sie die Nachbarn wegen Ruhestörung oder Lärmbelästigung anzeigen.

Die Wohnung ist vom Mieter drei Tage vor vertragsgemäßer Beendigung zurückzugeben. Falsch! Sie haben bis zum Monatsende die Miete bezahlt.

Bei Beendigung des Mietverhältnisses sind Dübeleinsätze zu entfernen. Dies gehört laut Gericht zu einer ganz normalen Abnutzung der Mietimmobilie. Macht aber einen guten Eindruck, wenn Sie sie trotzdem entfernen.

(Weitere interessante Informationen erhalten Sie beim Deutschen Mieterbund)